Peter Hahne

Gesegnet

mediaKern

Bildnachweis:
Umschlag: © iofoto/Fotolia
Innenteil: alle Bilder: © pixelio.de
S. 11: Bobby Metzger; S. 13: Rainer Sturm; S. 14: Ines Friedrich; S. 16: Christoph Aron; S. 18: Kurt Michel; S. 20: Dieter Schütz; S. 22: Uwe Duwald; S. 24: Andreas Hermsdorf; S. 25: Angelina Ströbel; S. 26: Uli Carthäuser; S. 29: Angelika Wolter; S. 30: Manfred Czybik; S. 31: Günther Schad; S. 34: Michael Wegner

Bibliografische Information der Deutschen Nationalbibliothek
Die Deutsche Nationalbibliothek verzeichnet diese Publikation in der Deutschen Nationalbibliografie; detaillierte bibliografische Daten sind im Internet über http://dnb.d-nb.de abrufbar.

ISBN 978-3-8429-3001-8
2. Auflage 2012
Bestell-Nr. 512 3001

Gestaltung: Ch. Karádi
Herstellung: Druckerei Uhl, Radolfzell
Printed in Germany 2012

www.media-kern.de

Dass das Leben gelingt und glücklich verläuft, darin liegt unsere größte Sehnsucht. Und wenn es richtig gut ist, dann beschreibt man das noch heute mit dem alten Wort »gesegnet«. Man ist gesegnet mit gesunden Kindern, einer guten Ernte oder erfüllten Lebensjahren.

Leben im Segen – das ist kein Besitz, das ist ein Geschenk. Segen ist keine fromme Redensart, sondern die Erfüllung unseres Lebens. Dass Gott ein Auge auf mich hat, mich bewahrt und beschützt, mich liebt und leitet.

Nicht die vergängliche Welt, sondern der ewige Gott hat mich in der Hand.

Das wirkt Segen auch dort, wo ich nichts fühle von seiner Macht. Weil Gott mich zum Ziel bringt, gebe ich meine Zeit in seine Hände. Sein Segen macht mein Leben groß und glücklich.

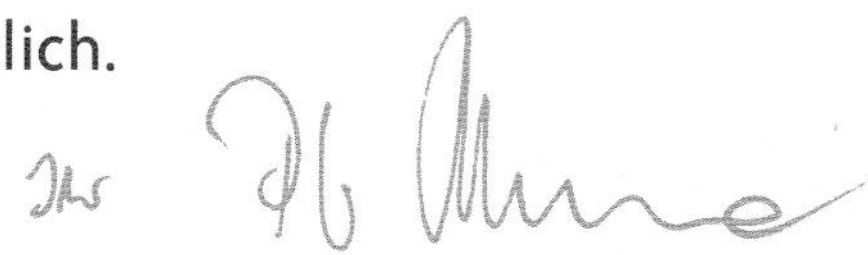

Gottes Segen macht Menschen dankbar.

Dank wirkt Wunder und lässt Leben blühen.

Gesegnete Menschen sind nicht die, die am meisten haben.

Es sind die, die am meisten danken.

Gesegnet

Segen ist Lebenskraft. Segen steht für Fülle und Wohlergehen.
Erntesegen, Kindersegen. Gaben Gottes.

Segen stiftet Gemeinschaft. Wir können einander segnen.
Auch Menschen, die es uns schwer machen.
»Segnet, die euch fluchen!« (Matthäus 5,44)

Segen ist Dienst.

Ich stelle den Nächsten unter Gottes Augen.
Krankensegen. Reisesegen.

Sich für Gott entschließen,
erschließt meinem Leben
einen unendlichen Segensstrom.

Gott segnet nicht durch Ruhe,
sondern durch Aufgaben.
Wer für ihn am Werk ist, wird
reich beschenkt.

Gesegnete Leute machen keine Schlagzeilen; sie hinterlassen Spuren für die Ewigkeit.

Meine Zeit steht in Gottes Hand. Wer Ewigkeit hat, der hat auch Zeit. Mit Gott wird alles gewonnen; ohne ihn ist alles verloren – auch der Segen der Zeit.

Gesegnet

Keine Zeit zu haben ist das Glaubensbekenntnis des modernen Heidentums. Es ist der Verlust der Ewigkeit, der uns in Trab hält, in diesem Leben nur nichts zu versäumen.

Wer die Zeit totschlägt, der verpasst das Leben.

GESEGNET

Gesegnete Menschen sind echte Persönlichkeiten.
Gott hat uns als Originale geschaffen, nicht als Kopie.

Das Entscheidende ist nicht, dass ein Mensch gebildet, erfolgreich und begütert ist; sondern dass er gesegnet ist, von Gott beschlagnahmt und beschenkt.

»Gott segnet den nicht, der sich selbst für groß hält«

Charles Haddon Spurgeon

Gesegnet

Wer im Vertrauen auf Gott sät, wird Segen ernten.

Wo gebetet wird, da fließt Segen.

Nicht mit Ellenbogen, sondern auf Knien kommt Segen in unser Leben.

Wer nicht betet,
entzieht sich dem Segen.
Loben und Danken öffnen
dem Segen Tor und Tür.

Demut bringt Segen.

Hochmut zerstört ihn.

Grenzen im Leben – Leid, Kummer, Sorgen – sind nicht Ausschluss, sondern Anschluss an Gottes Segen.

Mancher hat in der Zeit des Leidens mehr Segen gestiftet als in den Jahren der Kraft. Segen bringt nicht Erfolg, sondern Erfüllung.

Gesegnet

Gesegnetes Leben ist ein Leben mit Weitblick und Tiefgang. Jeder Weg, den Gott mit Menschen geht, ist eine Geschichte des Segens. Segen führt in die Geborgenheit. Wenn Gott segnet, so heißt das: Ich lasse dich nie allein. Ich helfe dir tragen. Du bleibst in meiner Hand.

Ich lege dein Leben groß an.

Gesegnet

Gesegnete Menschen sind gelassene Leute.
Sie haben alles. Überreich.
Sie können ausruhen, stille sein, Kraft schöpfen.

Gott gönnt uns eine Pause.

Gesegneten Menschen läuft nichts davon.
Pausenloser Einsatz ist gelebter Unglaube.

Gesegnet

Segen ist ein Geschenk.

Nur in leere Hände gibt Gott Segen.

Gesegnet leben heißt:
Die Hände frei haben für Gottes Gaben. Segen ist kein Privatbesitz. Er will sich mitteilen. Unser Leben soll ein Segen sein.

Wer gerne gibt,
wird reich werden.

Der Herr segne dich und behüte dich.

Der Herr lasse sein Angesicht leuchten über dir und sei dir gnädig.

Gesegnet

Der Herr erhebe sein Angesicht
auf dich und gebe dir Frieden.

4. Mose 6,24–26

Gesegnet

Keiner muss alleine sein. Gottes Nähe ist mir sicher. Wo Jesus ist, da ist Segen. Allmacht mitten in meiner Ohnmacht.

Niemand empfängt Segen nur für sich selbst.
Gott sagt: »Ich will dich segnen, und du sollst ein Segen sein«.
1. Mose 12,2

Gesegnete sollen segnen. Wer teilt, hat Anteil an der Segensfülle Gottes.
Einen anderen segnen heißt:
Gutes über ihn denken und reden und für ihn tun.

Geteilter Segen bringt doppelte Freude.

Gesegnet

Wo Gott ist, da ist Segen.

Wer Gott nicht will, bleibt ungesegnet.
Gehorsam gegen Gott erfüllt ein Leben mit Segen.

Nur durch Gottes Ansehen und Segnen werden wir Persönlichkeiten mit Ewigkeitswert.

»Kommt her, ihr Gesegneten meines Vaters, ererbt das Reich, das euch bereitet ist von Anbeginn der Welt!«
Matthäus 25,34

Gesegnet

Gottes Wort ist die Quelle allen Segens.

Wer ihm vertraut, hat Kraft zum Leben.

Alle Segnungen Gottes sind auf Steigerung angelegt.

Jede Erfüllung
ist eine Verheißung auf
noch Größeres.

Selbst gewählte Wege bleiben ohne Segen.
Wer Gott ausklammert, geht in die Irre.

Gesegnet

Gesegnete Menschen kommen immer
in vorbereitete Verhältnisse.

Das Ziel heißt nicht Glück, sondern Segen.

Segensgebet

Der Herr sei vor dir, um dir den rechten Weg zu zeigen. Der Herr sei neben dir, um dich in die Arme zu schließen, um dich zu schützen gegen Gefahren. Der Herr sei hinter dir, um dich zu bewahren vor der Heimtücke des Bösen. Der Herr sei unter dir, um dich aufzufangen, wenn du fällst.
Der Herr sei in dir, um dich zu trösten, wenn du traurig bist.
Der Herr sei um dich herum, um dich zu verteidigen, wenn andere über dich herfallen. Der Herr sei über dir, um dich zu segnen.
So segne dich der gütige Gott heute und morgen und immer. Amen.
Patrick, Apostel von Irland

Liebe Leser, in dieser Reihe sind insgesamt drei Bändchen erschienen:

Gesegnet, Nr. 512 3001

Getröstet, Nr. 512 3002

Geborgen, Nr. 512 3003

Beschenkt – Zu Weihnachten, Nr. 512 3007